GRIECHISCHE KUNST IN SIZILIEN

DIE SAMMLUNG PARTHENON

GRIECHISCHE KUNST IN SIZILIEN

Herausgegeben und eingeleitet

von

Heimo Rau

HANS E. GÜNTHER VERLAG STUTTGART

Den Schutzumschlag entwarf Hansjoachim Kirbach
Fotos von Dr. Heimo Rau und Hans Eberhard Günther Stuttgart, mit Ausnahme der Tafeln 8, 9, 16, 17, 37,
40, 45b, 46 Anderson, Rom; 24, 43, 44 Alinari, Rom; 45a Museo Nazionale Syrakus

1. Auflage / März 1957

Druck der Verlagsdruckerei Holzinger & Co. Stuttgart
Klischees der Graph. Kunstanstalt Haufler und Wiest Stuttgart

EINFÜHRUNG

Mit den Griechen beginnt die Geschichte Siziliens. Was zuvor am Fuße des Aetna geschah, im Bergland des Inneren und an den weit geschwungenen Küsten, bleibt im Dunkel. Nur schattenhafte Umrisse historischer Vorgänge entsteigen den bunten Bildfolgen der Sagen um Odysseus oder Daedalos. Mit den Griechen beginnt auch die Kunstgeschichte Siziliens. Heiligtümer in Höhlen, Kultstätten auf Bergeshöhen, in Felswände gehauene Gräber haben manchen Aufschluß über religiöse Vorstellungen und Gebräuche im vorgriechischen Sizilien gebracht. Erst die hellenische Kunst verwandelt die Landschaft und erfüllt sie mit den Gestaltungen schöpferischer Phantasie. Die Griechen krönen die Hügel des von der Natur begnadeten Landes mit den Säulen und farbig leuchtenden Dächern ihrer Tempel. Sie schlagen die Halbkreise ihrer Theaterränge in die Berglehnen und lassen den Schimmer des Meeres und die vielgestaltigen Ketten der Gebirge als gewaltige Kulisse am tragischen Geschehen auf der Bühne mitwirken. Sie gründen ihre Städte hier auf einer Insel, da auf einer Bergterrasse, dort auf ragender Klippe zwischen zwei Buchten und scharen die Wohnstätten um die Tempelgiebel der »hochgebauten« Akropolis. Und immer geschieht es so, als hätten sie die geheimen Gesetze der Landschaft erlauscht und wollten ihre Schönheit durch das Werk von Menschenhand zur höchsten Vollkommenheit steigern.

Zuerst kamen kleine Gruppen von Kaufleuten, legten an geeigneten Stellen der Küste an und gingen wieder. Manchmal gründeten sie Handelsniederlassungen. Sie verkehrten freundschaftlich mit der friedlichen bäuerlichen Bevölkerung, die ihre Waren zu schätzen wußte. Dann kamen Auswandererschiffe unter zielbewußter Führung. Sie steckten an vorbedachten Plätzen den heiligen Bezirk für den Tempel ab und den Markt als Mittelpunkt des täglichen Lebens. Auf den neuen Altären entzündeten sie die heilige Herdflamme, die sie vom Tempel der Mutterstadt mitgebracht hatten. Es waren Leute, denen die Heimat zu eng geworden war. Sie hatten sich mit Gleichgesinnten zusammengeschlossen, einen Führer gewählt und den Ort der neuen Stadt ausgesucht, schließlich die Zustimmung des Orakels in Delphi erbeten. Die Mutterstadt hatte sie mit Segenswünschen entlassen. Mit ihr blieben sie auf immer durch heilige Bande verknüpft, das gleiche Feuer brannte auf ihren Altären. Nun bauten sie ihre Häuser und befestigten die Siedlung. Eine neue Polis war entstanden. So nannte der Grieche den Gemeindestaat, in dem sich in überschaubaren Grenzen das Zusammenleben geordnet entfalten konnte. So entsandten seit dem 8. Jahrhundert v. Chr. hellenische Städte Hunderte von Kolonien rings an die Küsten des Mittelländischen und Schwarzen Meeres, jede unabhängig von der anderen, aber durch den Rat der weltkundigen Priesterschaft von Delphi gelenkt.

In Sizilien lebten drei Völker, als die Griechen in der 2. Hälfte des 8. Jahrhunderts dort zu kolonisieren begannen. Die ältesten Bewohner – Ureinwohner wäre zuviel gesagt – waren die Sikaner in der Mitte und im Westen der Insel. Dorthin hatte sie das Volk der Sikeler verdrängt, das im 2. Jahrtausend von Italien her eingewandert war. Mit ihnen hatten es die Griechen vor allem zu tun. Sie waren Bauern und Hirten, aber keine Seefahrer. An der Meeresküste selbst ließen sie sich ungern nieder, lieber bauten sie sich ihre runden Hütten auf einem Hügel, der näher an ihren Feldern lag. Bei der Gründung der Kolonien fehlte es nicht an kriegerischen Auseinandersetzungen. Aber im Laufe der Zeit kam es zu einem gedeihlichen Zusammenleben. Die Sikeler gehörten wie die Griechen zu den Indogermanen und nahmen hellenische Sprache und Kultur leicht an. Sie wurden auch in die Städte aufgenommen und waren nach einigen Generationen von den Einwanderern nicht zu unterscheiden. Im Landesinneren hielten sie sich länger selbständig. Mit den im Westen ansässigen Elymern hingegen, deren Hauptstädte Eryx und Segesta waren, konnten sich die Griechen nicht befreunden. Dies, aus dem Osten eingewanderte, Volk hielt es vielmehr mit den ihm verwandten Phöniziern aus Karthago, die sich in Motye, Panormos und Solunt Stützpunkte geschaffen hatten, zur selben Zeit etwa, als die Hellenen die Insel im Osten betraten.

Jonische Chalkidier landeten 735 auf der Halbinsel Naxos am Fuße des Aetna. Die dorischen Korinther gründeten im Jahre darauf Syrakus auf der Insel Ortygia. Bald reihte sich an der Ostküste Stadt an Stadt bis hinauf nach Zankle, dem späteren Messina. Und am Nord- und Südrand schritt die Kolonisierung weiter nach Westen vor. An der Südküste entstanden drei Städte, die sich bald neben Syrakus zu Großmächten auf Sizilien entwickelten. Dorer aus Kreta und Rhodos gründeten 688 v. Chr. Gela. Es folgte 628 v. Chr. Selinunt, das von Kolonisten aus dem sizilischen Megara Hyblaea besiedelt wurde, und erst ein halbes Jahrhundert später das dazwischenliegende Akragas (Agrigent) 582 v. Chr. als Tochterstadt von Gela. Der dorische Stamm bestimmte die Geschichte und prägte die Kultur der Insel. Selinunt war bereits Nachbar des karthagischen Motye, das 648 v. Chr. gegründete Himera an der Nordküste Nachbar von Solunt und Panormos. Die Auseinandersetzung mit den Phöniziern mußte zur Schicksalsfrage des sizilischen Griechentums werden.

»Die Bewohner Siziliens besitzen von ihren Vorfahren her die Überlieferung, daß die Insel unter der heiligen Herrschaft der Demeter und Persephone stehe. Auf ihr seien diese Göttinnen zuerst erschienen, ihr hätten sie die Ähren zuerst geschenkt, und der Raub der Persephone durch den Herrn der Unterwelt habe auf den blumigen Gefilden am Pergusa-See zu Füßen der Stadt Enna stattgefunden.« In der Tat sind die ältesten griechischen Heiligtümer auf sizilischem Boden diesen Gottheiten der fruchtbaren Erde und der Unterwelt geweiht. Sie liegen nicht auf der Anhöhe einer Akropolis, sondern verstecken sich *Tafel 7* im Tal abseits von den Wohnungen der Lebenden. Das Heiligtum der Demeter Malophoros bei Selinunt ist in den Berghang hineingebaut und mit hohen Mauern vor unberufenen Augen geschützt. In Agrigent dringt das Demeterheiligtum sogar in den Felsen selbst ein. Was sonst den griechischen Tempel auszeichnet, daß er sich frei von allen Seiten darbietet und seine Schönheit hell ins Licht stellt, fehlt diesen geheimnisvoll dunklen Kultstätten ganz. Sie suchten die Nähe der Gräber, verborgene Mysteriendienste fanden hier statt. Für die ersten Einwanderer berührten sich die sikelischen Muttergottheiten mit Demeter und Persephone der Hellenen, und die Kontinuität des Kultes wurde in solchen Heilig-
Tafel 7, 29 tümern des 7. Jahrhunderts gewahrt. Für Sizilien charakteristisch sind die rätselhaften brunnenartigen Rundaltäre, die sich in diesen Tempelbezirken finden. Daneben lagen einfache Tempelchen ältester Form,
Tafel 28 mit rechteckigem Grundriß ohne Säulen. Bauten dieser Art stellen die Urzelle des griechischen Tempels
Tafel 7 dar: das Megaron. Am größten angelegt ist es beim Heiligtum der Malophoros, wo der Opfernde die heilige, von Pinien und Zypressen gesäumte Straße entlangschritt und dann im Tempel durch drei Tore zur Vorhalle, zur Cella, zum Götterbild emporstieg.

Seit der Wende vom 7. zum 6. Jahrhundert läßt sich auf Sizilien die Entwicklung der großen dorischen Stadttempel verfolgen. Kleine Holztempel, die mit bemalten Tonplatten und reich ornamentierten vielfarbigen Ziegeln bedeckt waren und so ein festlich buntes Bild boten, füllten anfangs den heiligen Bezirk der Akropolis. Mit der Zeit erhob sich darüber in jahrzehntelangem Bauen der erste Steintempel. Weitere folgten je nach Reichtum und Macht der Polis. Auffallend ist die Länge dieser archaischen Bauten. Das Säulenverhältnis 6 : 17, immer die Ecksäulen mitgerechnet, erscheint anfangs als Regel. Im Laufe des 6. Jahrhunderts aber geht die Säulenzahl der Längsseiten zurück. Die Cella öffnet sich zunächst nur nach der Ostseite, und dementsprechend wird die Ostfront betont, oft durch Verdoppelung der Säulenreihe. Sie bewahrt die einfache Megarongestalt, um die dann die Säulen »ringsherum fliegen« – das bedeutet die griechische Bezeichnung Peripteros. Die Proportionen der Säulen sind gedrungen. Ihr Schaft verjüngt sich stark und entbehrt noch der klassischen Entasis (Schwellung) im unteren Drittel. Die Kapitelle laden weit aus und erscheinen wie auseinandergedrückt durch die Last des Gebälkes.

Tafel 38 Der älteste erhaltene Tempel dieser Art ist das Apollonion in Syrakus (Ende 7. bis Anfang 6. Jahrhundert).
Tafel 39, 41 Auch das Olympieion am Kyanefluß entstand im 6. Jahrhundert. Agrigent bietet wenig Beispiele für diese Epoche. Die Tempel archaischen Stiles liegen z. T. unter der heutigen Stadt. Das Ende des 6. Jahr-
Tafel 30 hunderts ist im sog. Heraklestempel vertreten. In Selinunt aber reiht sich in diesen Jahrzehnten Tempel an Tempel. Die stolze Polis nahm stetig an wirtschaftlicher und politischer Macht zu, und ihre Bürger
Tafel 20, 21 wußten, was sie den Göttern schuldeten. In einer Weihinschrift, die im Apollotempel eingeritzt war, heißt es: »Durch diese Götter siegen die Selinuntier: Durch Zeus siegen wir, durch Phobos, durch Herakles, durch Apoll, durch die Tyndariden, durch Athene, durch Malophoros, durch Pasikrateia und durch die anderen Götter, durch Zeus aber am meisten!«

6

Der Tempel C, begonnen in dem Jahrzehnt nach 580 v. Chr., war das größte Heiligtum auf der Akropolis. *Tafel 10/12*
Die wiederaufgerichtete nördliche Säulenreihe erlaubt es, sich die Erscheinung des vollständigen Tempels
vorzustellen. Ein solcher Bau leuchtete gegen die Bläue des afrikanischen Himmels und das helle Meer
in unvorstellbarer Farbigkeit. Der poröse Kalktuff, aus dem Säulen, Mauern und Gebälk bestanden, war
mit weißem Stuck überzogen. An den Kapitellen begann die Bemalung. Triglyphen und Metopenreliefs
leuchteten unter der glühenden Sonne in starken, ungebrochenen Farben. Rot und Blau herrschten vor. *Tafel 9*
Die derbe, maskenhafte Stilisierung dieser Bildwerke wird nur in dieser Farbbehandlung verständlich.
Ihre Leuchtkraft mußte dem bunten Keramikschmuck des Gebälkes standhalten, der sogar auf die Giebel-
felder übergriff. Denn dort standen keine Plastiken. Vielfarbiges keramisches Flachrelief füllte sie:
im Ostgiebel ein ungeheures, Schauder erweckendes Gorgonenhaupt! In den Trümmern von Selinunt
machte 1824 der deutsche Architekt Hittorf die ersten Beobachtungen über die Polychromie der antiken
Architektur, auf denen die heutigen Anschauungen fußen. So läßt sich an den Ruinen von Selinunt
die Entwicklung des archaischen dorischen Tempels verfolgen, bis an den jüngeren Westteilen des
Apollonions und mit dem Tempel E die Wende zur Klassik eintritt. An diesem Wendepunkt aber steht *Tafel 13/15, 17*
zugleich die Entscheidung in dem Kampfe auf Leben und Tod gegen den phönizischen Gegner.

Während die Hellenen des Mutterlandes den Ansturm der Perser abwehrten, schien den Karthagern die
Gelegenheit gekommen, die griechische Kultur auf Sizilien zu vernichten, da die Kolonien in diesem
Augenblicke keine Hilfe von der Heimat erwarten konnten. Im gleichen Jahre 480 v. Chr., nach griechischer Tradition sogar am gleichen Tage, fiel die Entscheidung in der Bucht bei Salamis und auf dem
flachen Küstenstriche von Himera. Auf beiden Schlachtfeldern standen die Griechen für die Sache des
Abendlandes. Die Tyrannen Gelon von Syrakus und Theron von Agrigent führten das sizilische Heer.
Nur Selinunt stand als Bundesgenosse Karthagos beiseite. Der Sieg war vollkommen, das Karthagerheer
wurde vernichtend geschlagen. Und Aeschylos konnte später im Theater von Syrakus seine »Perser«
mit derselben Aktualität vor denen, die »dabei gewesen« waren, inszenieren wie in Athen: durch den
Doppelsieg war die griechische Großmachtstellung in der Welt des Mittelmeeres gesichert. Die folgenden
zwei Menschenalter brachten für das gesamte Hellenentum die klassische Höhe.

Ungeheure Schätze und ein ganzes Sklavenheer strömten nach Syrakus und Agrigent. Und der Sieger-
stolz äußerte sich in Tempelbauten von niegesehener Pracht. In Syrakus erneuerten die Deinomeniden- *Tafel 36, 37*
brüder Gelon und Hieron das alte Athenaion. Ihr Tempel hat sich in den Mauern des Domes erhalten. *Tafel 46*
Damals entstand auch das erste größere Theater am Hang des Temeniteshügels. Noch hatte es nicht
die halbrunde Gestalt und faßte nur 1400 bis 1500 Zuschauer. Aber Aeschylos selbst inszenierte hier seine
Tragödien vor dem glänzenden Hofe Hierons. Und zugleich erwuchs der eigenständigen sizilischen
Komödie, etwa des Epicharmos, die angemessene Pflegestätte.

In Selinunt sind nach 480 v. Chr. keine großen Neubauten mehr zu verzeichnen. Die schönsten und
größten Tempel baut im klassischen 5. Jahrhundert Agrigent. Wie in der archaischen Epoche in Selinunt,
so reiht sich jetzt hier Tempel an Tempel in zeitlicher und räumlicher Folge auf dem langgestreckten
Südhügel der Stadt. Das schöne Maß, die Vollkommenheit der Kurvaturen, Proportionen und Symmetrien,
von denen die Griechen selbst schrieben, verwirklichen die Tempel der Jahrhundertmitte, der sog. Juno- *Tafel 22, 23,*
tempel und der sog. Concordiatempel. Das Verhältnis der Säulenzahlen erreicht das klassische Ideal, d. h. *25, 26*
6 : 13. Der Schaft steigt schlank in leicht schwingenden Kurven mit deutlicher Entasis auf und trägt ein *Tafel 34, 35*
straffes, von Spannung erfülltes Kapitell, das Gebälk hat harmonische Maße. Statt bunter Ziegel decken
bemalte Marmorplatten das Dach. Wahrscheinlich hatte sich auch die Farbenskala der Bemalung gegenüber der Archaik verändert.

Das unmittelbar nach 480 begonnene Siegesdenkmal war ein Tempel des olympischen Zeus, der durch *Tafel 31/33*
seine gigantische Größe und die einzigartige Umgestaltung der traditionellen Tempelform eine außer-
gewöhnliche Wirkung erreichen sollte. Selinunt besaß zuvor den größten sizilischen Tempel in seinem
Apollonion. Agrigent wollte die Nachbarstadt übertreffen. In Selinunt liegen die Riesentrümmer über- *Tafel 20, 21*
einander, wie sie das Erdbeben hinwarf, nur eine Säule steht, vom Volksmund »*Lu fusu di la vecchia*«
(Die Spindel der Alten) genannt. In Agrigent ist jammervoll wenig übriggeblieben, so daß die Re-
konstruktion des seltsamen Baues die größten Schwierigkeiten bereitete. Der Mantel der Säulenreihen

war rings mit der nach außen gezogenen Cellamauer in eins verschmolzen, so daß eine riesige kubische Baumasse entstand, von Halbsäulen dekorativ gegliedert im Wechsel mit Atlanten, die das Gebälk emporzustemmen schienen. Hier hatten die Säulen ihre tragende Funktion eingebüßt und waren zu fassadenhafter Scheinarchitektur geworden. Mancher Bewunderer des Werkes unter den Zeitgenossen, besonders des Mutterlandes, mag die Riesenhaftigkeit und Eigenwilligkeit mit leisem Schaudern als Hybris – Übermaß, Vermessenheit – empfunden haben. Jene Hybris, auf die der zermalmende Schlag des Schicksals folgt. »Trachte nicht, Zeus zu werden! Sterbliches ziemt Sterblichen!« ruft Pindar einem übermütigen Sieger zu. Und wirklich ist die Neigung, das »Mittlere« (Aeschylos) zu verlieren und in Übersteigerung zu verfallen, eine Gefahr, der das sizilische Kolonialgriechentum auf vielen Gebieten nicht entgangen ist.

Die Geschichte des sizilischen Griechentums im 6. und 5. Jahrhundert endete mit der unerbittlichen Strenge der Tragödie. Nichtsahnend wurden die stolzen, lebensfrohen Städte von dem riesigen Karthagerheer überfallen, das die Stunde der Vergeltung nutzte. Kurz zuvor hatte Syrakus noch über das mächtige Athen triumphiert und dessen Heer bis zum letzten Mann der Vernichtung preisgegeben. 409 v. Chr. kam das Verhängnis über Selinunt und Himera, 406 v. Chr. über Agrigent. Nach zwei Jahrhunderten war ihre Geschichte zu Ende, und aus den Trümmern ihrer zerstörten Städte erwuchs kein neuer Aufschwung künstlerischen Schaffens mehr.

Zwei Jahrhunderte nur währte die Blüte der griechischen Kunst in Sizilien. Es war eine Blüte der Tempelarchitektur. Wenig Plastik ist erhalten, gar keine Malerei. Aber ein Kunstzweig darf nicht vergessen werden: Die Kleinkunst des Münzreliefs. Vom 6. Jahrhundert an nahmen alle großen Städte an ihrer Entwicklung teil. Syrakus gebührt die Palme, besonders im 5. und 4. Jahrhundert. Hochbegabte Künstler wirkten auf diesem scheinbar abseitigen Gebiet. Was sie leisteten, darf als vollwertiger Ersatz für das Fehlen der Großplastik genommen werden.

Syrakus teilte das Schicksal Selinunts und Agrigents nicht. Es widerstand den Karthagern. Die Bürger hatten es ihrem neuen Tyrannen Dionysios zu verdanken. Aber eine neue schöpferische Epoche blühte auch ihnen nicht mehr. Die glänzende Weltstadt verzehrte sich in den folgenden Jahrhunderten, von einer Tyrannis in die andere stürzend, im Abwehrkampf gegen die ständig erneuerten karthagischen Angriffe, bis Rom Sizilien von diesem Feind befreite und es zu seiner Provinz machte.

ZU DEN BILDERN

SEGESTA

Wo die alte Handelsstraße von ihrer Stadt Eryx an der Westspitze Siziliens in die Nordsüdverbindung zwischen Palermo und Selinunt einmündet, hatten die Elymer Segesta gegründet. Im Westen begrenzt von der tiefeingeschnittenen Schlucht des Baches Pispisa, stieg die Stadt rund hundert Meter den Westabhang des Monte Barbaro (431 m) empor. Unter dem Einfluß des benachbarten Selinunt hatten sich die Elymer der hellenischen Kultur geöffnet. Sie prägten griechische Münzen und errichteten die dorischen Säulen ihres Tempels. Andererseits wollten sie sich der Übermacht des eroberungslustigen Nachbarn nicht beugen und wurden so zweimal zu Urhebern verhängnisvoller Kriege. 416 v. Chr. riefen sie die Athener ins Land, und als das attische Heer 413 v. Chr. vor Syrakus vernichtet und das siegreiche Selinunt nur noch übermütiger geworden war, sandten sie ihre Hilferufe nach Karthago. Mit dem Erfolg, daß die Phönizier willkommene Rache für die Niederlage von 480 v. Chr. nahmen und Selinunt und Himera im ersten Ansturm 409 v. Chr. eroberten und zerstörten. Freilich wurde Segesta des Sieges nicht froh. Zu eng war das eigene Schicksal mit dem Handel und Wandel der hellenischen Kolonien verknüpft. Ihr Sturz bedeutete auch für die Elymer von Segesta den Beginn des Niederganges. Erst die Römer führten einen neuen Aufschwung herbei, indem sie den Bewohnern, die sie als stammverwandt, gleich ihnen trojanischer Herkunft, ansahen, jede Förderung angedeihen ließen. Von der Stadt selbst blieb keine Spur, einzig der Tempel und das Theater erinnern an ihre Größe.

TAFEL 1–4

DER TEMPEL VON SEGESTA

Auf dem kleinen Hügel (305 m) über der Schlucht im Westen der Stadt steht der Tempel in der großartigen Einsamkeit der kahlen Berglandschaft als einziges Zeichen menschlicher Kultur weit und breit, fast gespenstisch in seiner Verlorenheit (Taf. 2). Es ist ein dorischer Peripteros. Über dem vierstufigen Unterbau (61,15:26,25 m) erheben sich 36 unkannelierte Säulen (6:14) von 9,36 m Höhe und einem unteren Durchmesser von 1,95 m (Taf. 3). Der poröse Kalktuff gibt allen Bauteilen eine unbeabsichtigte malerische Oberflächenwirkung, bei Fertigstellung verschwand der schwammartige Stein unter glattem weißem Stuck. Aber dieser Tempel blieb unvollendet. Die Zapfen, die als Handhabe beim Transportieren und Versetzen der Steinblöcke dienten, wurden nicht abgeschlagen (Taf. 1). Außer an der Nordseite ist die letzte Stufe in den Säulenzwischenräumen nicht ausgefüllt, so daß die Säulen auf hohen quadratischen Basen zu stehen scheinen (Taf. 4). Das Innere zeigt keine Spur von Cellawänden, sondern nur glatten Estrich (Taf. 4).

Bis vor kurzem begnügte man sich mit der Erklärung, daß der Tempelbau durch die Kriegsereignisse von 409 v. Chr. unterbrochen und später nicht zuende geführt worden sei. Neuere Überlegungen sind vom Fehlen der Cella, die doch normalerweise am Baubeginn stehen müßte, ausgegangen und zu dem Schluß gelangt, daß die Elymer lediglich den Säulenkranz mit Gebälk, aber ohne Dach als Scheintempel errichten wollten, um im Inneren unter freiem Himmel ihren eigenen Gottheiten zu opfern. Die Rätsel um die leere Säulenschale in der Bergeinöde, die nie ein griechisches Götterbild barg, werden damit noch größer. Und dieses Heiligtum weist in der ausgeglichenen Verjüngung der Säulenschäfte, dem gestrafften Kapitell und der ausgewogenen, harmonischen Proportionierung der Bauglieder alle Merkmale der reifen dorischen Klassik nach der Mitte des 5. vorchristlichen Jahrhunderts auf, so daß der sog. Concordiatempel in Agrigent (Taf. 34, 35) als nächster Verwandter zu gelten hat.

TAFEL 5

DAS THEATER VON SEGESTA

Das Theater der Stadt ist in den Nordabhang des Monte Barbaro eingebaut und bietet von den Zuschauersitzen einen Fernblick, der sich von den Bergketten des Inselinneren bis zum Golf von Castellammare hindehnt. Der Durchmesser beträgt 63 m. Die Sitzreihen sind in sieben keilförmige Sektoren und zwei Ränge eingeteilt, deren unterer zwanzig gut erhaltene Sitzreihen umfaßt. Seine heutige Gestalt verdankt das Theater erst der zweiten Blütezeit der Stadt unter römischer Herrschaft im 3. bis 2. Jahrhundert v. Chr.

TAFEL 6, 8

DER TEMPEL VON HIMERA

Das Mündungsgebiet und Schwemmland der Flüsse Torto und Himera an der sizilischen Nordküste bildet einen langhingestreckten, flachen Küstenstrich, der im Westen von der breiten Pyramide des Monte S. Calogero (1325 m) beherrscht wird (Taf. 6). Hier war der Schauplatz der Entscheidungsschlacht von 480 v. Chr. Kolonisten aus Zankle (Messina) hatten, wahrscheinlich 648 v. Chr., am Ufer der Himera die westlichste Hellenenstadt an der Nordküste gegründet und ihr wie so oft den Namen des Flusses gegeben. 409 v. Chr. bekam die Stadt die Rache der Karthager so gründlich zu kosten, daß sich heute nur wenige Spuren von ihr finden. Auf einer Bodenerhebung am Westufer des Flusses wurde 1823 ein Tempel entdeckt und 1929–1935 ausgegraben. Von dem dorischen Bau, einem Peripteros mit sechs zu vierzehn Säulen, sind die Stufen, die Säulenstümpfe und die Grundmauern der Cella erhalten (55,91:22,45 m im

Grundriß). Wahrscheinlich wurde er nach dem Siege von 480 v. Chr. errichtet. Bei den Ausgrabungen fanden sich zahlreiche Löwenköpfe, die als Wasserspeier an der Sima des Tempels dienten. Sie füllen heute einen Saal im Nationalmuseum in Palermo. Bei aller Strenge der Stilisierung ist das Motiv des Raubtierschädels mit Mähnenkranz und aufgesperrtem Rachen nie schematisch aufgefaßt, sondern lebendig variiert (Taf. 8).

SELINUNT

War Himera der westlichste Vorposten des Griechentums an der Nordküste, so kam Selinunt diese Stellung im Süden zu. Die stolze Stadt erhob sich 47 m über dem afrikanischen Meer auf einer, nur wenige hundert Meter breiten, vorspringenden Landzunge mit natürlichen Hafenbecken zu beiden Seiten. In die östliche Bucht mündete das Flüßchen Hypsas, in die westliche der Selinus, welcher der Stadt den Namen gab. Das griechische Wort selinon bedeutet Eppich, eine Pflanze, die bis heute an seinen Ufern grünt und die auf den Münzen der Stadt zu ihrem Wahrzeichen geworden ist. Beide Flüsse haben im Laufe der Jahrhunderte die Buchten zugeschwemmt und sie in breite flache Täler verwandelt.
628 v. Chr. zogen Kolonisten aus dem sizilischen Megara Hyblaea nach Westen aus und fanden den Hügel zwischen den beiden Häfen für ihre neue Polis geeignet. Die Stadt wuchs schnell und gewann Macht über die Umgebung. Mit den Karthagern im Westen und den Elymern im Norden kam es im 6. Jahrhundert zu wechselvollen Kämpfen. Doch scheint es, daß die Beziehungen zu Karthago allmählich freundschaftlicher wurden. Bei der großen Auseinandersetzung von 480 v. Chr. war die Griechenstadt sogar sein Bundesgenosse. Die Jahrzehnte um 500 v. Chr. sahen ihre Macht auf dem Höhepunkt. So glänzend der Aufstieg der megarischen Polis im 6. und 5. Jahrhundert gewesen war, so jäh und tief wurde ihr Sturz, als die Karthager 409 v. Chr. mit einem riesigen Heere landeten. Die starke Festung wurde umzingelt und von allen Seiten mit Kriegsmaschinen bestürmt. Die Bürger verteidigten sich heldenhaft, konnten aber das Verderben nicht abwenden. 16 000 Selinuntiner sollen umgekommen sein, 5 000 wurden zu Gefangenen gemacht. Nur wenige Bürger retteten sich nach Agrigent. So endete der Glanz Selinunts. Es konnte sich nie wieder erholen. Prachtvolle Bauten hatten seinen Aufstieg begleitet, die Karthager plünderten und zerstörten sie. Mehr noch tat ein Erdbeben zwischen dem 5. und 8. nachchristlichen Jahrhundert, das die stehengebliebenen Säulen der Tempel umwarf. Aber was auf den gigantischen Trümmerstätten geblieben ist, genügt, um ein Bild von der kulturellen und künstlerischen Höhe zu geben, die Selinunt in seiner kurzen Lebenszeit erreichte. Zugleich erlauben seine zahlreichen Baudenkmäler, den Übergang vom archaischen 6. Jahrhundert zur Klassik des 5. Jahrhunderts in verschiedenen Stufen zu verfolgen.

TAFEL 7

SELINUNT. DAS HEILIGTUM DER MALOPHOROS

Nicht ganz einen Kilometer von der Akropolis entfernt am anderen Ufer des Selinus liegt ein altes Heiligtum, das erst der Spaten des Ausgräbers aus dem Hange des Sandhügels ans Tageslicht gebracht hat. Wahrscheinlich hielten hier außerhalb der Polis die Leichenzüge, die zu den Gräbern hinausgingen, um die Totenweihen zu vollziehen. Eine hohe Mauer umgab im Rechteck den heiligen Bezirk und verbarg die geheimen Kulte der Unterweltsgottheiten vor profanen Augen. Das Haupttheiligtum der Demeter Malophoros (der „Apfelträgerin") liegt erhöht, ein einfaches Megaron ohne Säulen mit dicken Mauern, 20,40:9,52 m im Grundriß. Der hochaltertümliche Charakter des Tempels weist auf die erste Zeit der Kolonie. Er entstand in den letzten Jahrzehnten des 7. Jahrhunderts und wurde am Anfang des 6. Jahrhunderts erweitert. Den Eingang bildete ein Propyläenbau zwischen zwei Säulenhallen, die Säulenstümpfe sind erhalten (Taf. 7), Stufen führen hinauf. Dieser Torbau kam erst in der 2. Hälfte des 5. Jahrhunderts hinzu. Davor liegt ein eigentümlicher brunnenähnlicher runder Altar. In Agrigent finden sich ähnliche im Bereich der archaischen, den Unterweltsgottheiten geweihten Heiligtümer (Taf. 29). Sonst kennt die hellenische Welt diese rätselvollen Anlagen kaum. Zweifellos wirken sikelische Kulte der Erd- und Fruchtbarkeitsgottheiten nach, die von den Einwanderern fortgeführt wurden.

TAFEL 9–12

SELINUNT. TEMPEL C AUF DER AKROPOLIS

Der heilige Bezirk auf der Akropolis nahm das Viertel nächst dem Meere ein. Sein ältester und größter Tempel ist der Tempel C, der heute mit den 1925–1927 wiederaufgerichteten Säulen seiner Nordseite die Trümmer der Stadt beherrscht. Welcher Gottheit er geweiht war, kann nicht mit Sicherheit festgestellt werden. Sein langgestreckter Grundriß (63,70:24 m), die megaronartige Cella, Säulenzahl (6:17) und Säulenform sind für die frühe Zeit seiner Anlage zwischen 580 und 570 v. Chr. charakteristisch. Die Ostfront wird besonders betont: Der Unterbau hat hier acht Stufen, sonst nur vier, und die Säulenreihe der Front ist verdoppelt. Die auf der Nordseite wieder aufgerichteten Säulen (Höhe 8,62 m, Durchmesser 1,94 m), zwölf mit Kapitellen, zwei ohne Kapitelle – über neun Säulen ist das Gebälk gelegt – vermitteln einen Eindruck von der ursprünglichen Wirkung des Tempels. Sie waren durch ein Erdbeben umgestürzt und hatten die Hütten eines byzantinischen Dorfes, das sich in den Trümmern angesiedelt hatte, unter sich begraben (Taf. 10–12). Der Nachbartempel D ähnelt dem Tempel C in der Anlage. Er ist gleich groß (56:24 m) und hat sechs Säulen an der Front und dreizehn an den Längsseiten. Seine Entstehungszeit liegt zwischen 570 und 554 v. Chr. (Taf. 11).
1822/23 fanden die englischen Architekten Angell und Harris 139 Fragmente von Metopenreliefs aus weißem Kalktuff. Zusammengesetzt ergaben sie die drei berühmten Metopen: Perseus tötet die Medusa, Herakles trägt die Kerkopen, das Viergespann des Sonnengottes. Sie gehörten an die Ostfront des Tempels C (heute im Nationalmuseum zu Palermo) und entstanden zwischen 540 und 530 v. Chr., als der Tempel vollendet wurde. Tafel 9 gibt die Perseusmetope wieder (1,47:1,12 m). Der Held schlägt mit Hilfe der Göttin Athene der furchtbaren Medusa, deren Anblick versteinert, das schlangenhaarige Haupt ab, aus dem Blute der Unholdin entspringt das Flügelpferd, der Pegasus. Klobig und ungefüge wirkt das Bildwerk. Untersetzte Gestalten, große Köpfe, die in

10

monotoner Frontalität mit vorquellenden Augen und archaisch lächelndem Munde maskenhaft wirken. Das Relief ist flächig. Dreiviertelwendungen gibt es nicht. Dabei ist der Reliefgrund weit zurückgesetzt, so daß tiefe Schatten entstehen. Die Komposition wird streng architektonisch aufgebaut und als dienendes Glied dem Ganzen des Tempels eingeordnet. Seine Horizontalen und Vertikalen bestimmen auch die Stellungen und Gebärden der Figuren. Die Bemalung des Reliefs geschah ohne Zweifel in starken kontrastreichen Farben. Auch die übrigen Bauteile des Tempels waren über dem porösen Kalktuff, mit weißem Stuck überzogen und farbig bemalt, das Dach mit bunten Ziegeln bedeckt und die Giebel mit keramischem Flachrelief ausgefüllt. Vor der schimmernden, nüancenreichen Bläue des Meeres stehend, mag dieser Tempel in der Lichtfülle des Himmels von fremdartiger Schönheit gewesen sein.

TAFEL 13–15

SELINUNT. DIE TEMPEL E UND F AUF DEM OSTHÜGEL

Außerhalb der Stadt auf dem Osthügel befindet sich ein dritter heiliger Bezirk, der die drei Tempel E, F und G umschließt. Wie von Riesenhand übereinandergeworfen und durcheinandergeschüttelt liegen Säulentrommeln und Gebälkstücke in drei Trümmerbergen zusammengestürzt, überragt von einzelnen stehengebliebenen Säulen. Das Werk der Zerstörung haben nicht karthagische Kriegsmaschinen vollbracht, sondern Erdbeben wie beim Tempel C auf der Akropolis. Umwuchert von Feigenkakteen und Agaven, die in der Zeit der spanischen Herrschaft aus Amerika eingeführt wurden, bieten sie einen unvergeßlichen Anblick.
Der mittlere Tempel F ist der kleinste und älteste auf dem Osthügel. Die 40 archaischen Säulen (6:16) sind wie bei den anderen Tempeln umgestürzt, die untersten Trommeln aber befinden sich alle an Ort und Stelle (Höhe 9,11 m, Durchmesser 1,82 m). Der langgestreckte Grundriß (61,83:24,43 m) mit der megaronartigen Cella und der im Osten verdoppelten Säulenreihe zeigt viel Ähnlichkeit mit dem Tempel C. Auch dieser Steintempel hatte die bunte Terrakottadekoration des Gebälkes von den älteren Holztempeln übernommen. Seine Entstehungszeit liegt zwischen 560 und 540 v. Chr.
Der Tempel E im Süden der Gruppe gehört dagegen dem 5. Jahrhundert an und verkörpert in der Reihe der großen Tempel von Selinunt die Klassik. Nach einer, in seinen Trümmern gefundenen, Votivstatuette gilt er als Heraion. Neuerdings ist versucht worden, ihn dem Dionysos zuzuweisen. Da die Säulentrommeln, die Kapitelle und Gebälkstücke wie bei allen Tempeln nicht durch Mörtel verbunden, sondern nur gegenseitig verdübelt waren, liegen die umgestürzten Säulen reihenweise, in ihre Teile zerfallen. Das Zusammengehörige aber ist deutlich zu erkennen (Taf. 13, 15). Die Schlankheit der Schäfte fällt auf und die Gestrafftheit der Kapitelle (Taf. 13) (Säulenhöhe 10,19 m, 2,23 m). Zur Zeit wird dieser ganze große Tempel (67,82:25,33 m im Grundriß) wieder aufgerichtet. Er soll mit seinen 38 Säulen (6:15) vollständig wiedererstehen, nicht mit einer Säulenreihe wie der Tempel C. Der Baubeginn des klassisch proportionierten Heiligtums lag zwischen 490 und 480 v. Chr. Vor der Jahrhundertmitte, als zwischen 460 und 450 v. Chr. seine Metopenreliefs (Taf. 17) entstanden, ging er der Vollendung entgegen.

SELINUNT. METOPE VON EINEM KLEINEN ARCHAISCHEN TEMPEL: EUROPA AUF DEM STIER

Von einem der hocharchaischen kleinen Tempel auf der Akropolis stammt die Metope der Europa auf dem Stier (0,84:0,59 m), heute im Nationalmuseum zu Palermo. Sie gehört zu einer Gruppe von vier Reliefs, die in den Festungsmauern als Baumaterial Verwendung gefunden hatten; zu datieren ins 2. Viertel des 6. Jahrhunderts.
Europa wird von dem Stier, in dessen Gestalt sich der Göttervater Zeus selbst verbirgt, aus Kreta entführt. Delphine springen unter den Hufen des Tieres, das die geraubte Jungfrau übers Meer davonträgt. Gegenüber den jüngeren Metopen des Tempels C wirkt dieses kleine Relief zart und anmutig bewegt. Sehr altertümlich ist der strenge Wechsel von Profil und Frontalansicht auf der Bildebene. Doch die silhouettenhafte Zeichnung des Gewandes und der Tiere verrät eine sichere Meisterhand. Die derberen Metopen des Tempels C waren auf Fernsicht in zehn Meter Höhe berechnet, dieses Relief war den Augen des Betrachters viel näher.

TAFEL 17

SELINUNT. METOPE VOM TEMPEL E: ZEUS UND HERA

Das Relief mit Zeus und Hera (nach einer neueren Hypothese Hades und Persephone) gehört zu den fünf Metopenreliefs, die sich in den Trümmern des der Hera (oder dem Dionysos) zugeschriebenen Tempels E gefunden haben (jetzt im Nationalmuseum zu Palermo: 1,62:1,40 m). Der Gott sitzt auf einem Felsblock, seine Rechte ergreift das Handgelenk der Göttin. Das Obergewand ist herabgeglitten vor der Heftigkeit des Zufassens. Seiner unruhigen, wechselreichen Diagonalbewegung steht die erstarrte, besonders in den Falten archaisch wirkende Gestalt der sich sträubenden Göttin als Senkrechte gegenüber. Das klassische Prinzip des Kontrapostes bringt den Gegensatz des begehrend zugreifenden Mannes und der sich zurückhaltenden Frau zu vollkommener Darstellung – welche mythologischen Gestalten auch immer gemeint seien. Der Kalktuff des Reliefs war wie immer farbig bemalt. Eine besondere Wirkung erzielte der Bildhauer dadurch, daß er bei der Frau Gesicht, Hände und Füße in parischem Marmor einsetzte. Die Metopen des Tempels E stellen die Krönung einer Entwicklung dar, deren Vorstufen in den archaischen Bildwerken der kleinen Metopen und der Tempel C und F zu suchen sind. Gemessen an der Plastik des Mutterlandes, erscheint die archaisierende Härte und die Schärfe der Charakteristik als sizilische Eigenart. Die Entstehungszeit ist das Jahrzehnt vor der Mitte des 5. Jahrhunderts.

TAFEL 18, 19

CAVE DI CUSA: ALTER STEINBRUCH SELINUNTS

Etwa 12 km westlich von Selinunt, südlich vom heutigen Städtchen Campobello di Mazara, liegen die Steinbrüche von Cave di Cusa. Dorther kamen die ungeheuren Blöcke und Trommeln von mehr als drei Metern Durchmesser für den Bau des Apollotempels in Selinunt. Überwuchert von reichster Vegetation bietet der Steinbruch heute ein romantisches Bild. Die verschiedenen Stufen des Abbaues lassen sich studieren. Die Trommeln wurden aus dem anstehenden Kalkgestein herausgemeißelt. An einigen Stellen sieht man nur einen Kreis eingeritzt als Beginn des Arbeitsvorganges. Andere Trommeln sind bereits halb herausgeschlagen. Einige sind vollständig fertig und brauchten nur noch vom Felsengrund gelöst zu werden. Mannsbreite Gänge führen um sie herum. Auch zum Abtransport bereite Werkstücke liegen hier und da. Nach dem allgemein üblichen Verfahren wurden sie mit Holz verschalt, dann erhielt jeder Block runde Radscheiben. Ochsen oder Sklaven zogen sie zur Baustelle. Andere Steinbrüche befanden sich 6 km nördlich von Selinunt, auf halbem Wege zur heutigen Stadt Castelvetrano.

TAFEL 20, 21

SELINUNT. DER APOLLOTEMPEL (G) AUF DEM OSTHÜGEL

Der Tempel G im Norden der Gruppe auf dem Osthügel gehört zu den größten Tempelanlagen der Antike überhaupt (110,36 : 50,10 m). Eine im Inneren eingeritzte Weiheinschrift nennt das Heiligtum Apollonion, es war also dem Schirmherrn Selinunts selbst geweiht. Je acht Säulen an den Schmalseiten, je siebzehn an den Längsseiten umgaben die Cella. Zwei Reihen von je zehn Monolithsäulen teilten sie in drei Schiffe, das Mittelschiff war ohne Dach. Die Höhe der äußeren Säulen betrug 16,27 m bei einem unteren Durchmesser von 3,41 m und einem Umfang von 10,70 m. Das riesenhafte Gebälk, das daraufgesetzt war, hatte 6,84 m Höhe, so daß an den Frontseiten bis zu den Giebeln eine Gesamthöhe von 30 m erreicht wurde. Über ein halbes Jahrhundert lang bauten die Selinuntiner an der Höhe ihrer Macht und ihres Selbstbewußtseins an diesem gewaltigen Tempel, der die beiden benachbarten weit überragte und im Schmuck seiner bunten Bemalung mit der tempelbedeckten Akropolis auf der anderen Talseite wetteiferte. Im Osten begannen sie den Bau noch in archaischen Formen. Mehrmals wechselte Gestalt und Maß der Säulen. Als der Westteil vollendet war, hatte er schon die klassische Harmonie der Bauglieder erreicht. So erstreckte sich die Bauzeit von 540 bis weit ins 5. Jh. v. Chr. hinein.

AGRIGENT

Ungleich Selinunt, dessen Akropolis das Meer von drei Seiten bespülte, liegt das griechische Akragas (römisch Agrigent) auf den Hügeln fern der Küste. Auf dem steilen, jäh nach Norden abstürzenden Kamm, der das moderne Agrigento trägt, befand sich die Akropolis der Hellenenstadt. Ihre Tempel sind unter den heutigen Wohnhäusern und Kirchen begraben. Von dort folgte die alte Stadt dem Abhang des Hügels zwischen beiden, tief eingeschnittenen, Tälern des Akragas und Hypsas bis zu einer fast genau westöstlich streichenden Hügelkette im Süden, die zur Errichtung der Stadtmauer geradezu herausforderte.

Länger als ein Jahrhundert, bevor es zur Gründung der Polis selbst kam, saßen kleine Gruppen griechischer Handelsleute am Meer, unbehelligt von den Sikelern, die droben auf den Hügeln ihr geruhsames bäuerliches Le-

ben führten. Erst 582–580 v. Chr. wurde die Stadt von Bürgern aus Gela und Rhodos begründet. Sie empfing den sikelischen Namen des Flusses Akragas. Diese jüngste Kolonie an der Südküste wuchs rasch zwischen ihren blühenden Schwestern Gela und Selinunt. Aber auch ihr Glanz wie der Selinunts war von kurzer Dauer. Knapp zwei Jahrhunderte waren ihr gegeben.

Das erste Jahrhundert wird gekennzeichnet durch das Wachstum ihrer Macht und die Ausdehnung ihres Gebietes entlang der Küste und landeinwärts. Dort mußten sich die Städte und Dörfer der Sikeler ihrem Einfluß beugen, aber auch das griechische Himera an der Nordküste. Diese Periode gipfelt in der Schlacht bei Himera 480 v. Chr. An ihr hatte das mächtige Akragas unter seinem Tyrannen Theron entscheidenden Anteil. Der Sieg leitet die zweite Periode ein, eine Blütezeit der Kunst und Wissenschaft, in der Pindar und Empedokles in ihren Mauern wirkten, das Jahrhundert der großartigen Tempelbauten, aber auch eine Zeit des steigenden Luxus und Wohllebens. Die Beute von Himera, darunter Scharen von Sklaven, gab der Stadt die Mittel zu den Tempelbauten am Südrande der Stadt. Einer neben dem anderen entstand im Angesicht des afrikanischen Meeres wie eine Kette von Triumphbauten. Die Widerstandskraft der stolzen Polis aber ging in den Jahrzehnten des Friedens verloren. Als die Karthager nach Selinunts und Himeras heldenhaftem Verzweiflungskampf im Jahre 406 v. Chr. vor Akragas standen, da war die verweichlichte Bürgerschaft zu ernsthafter Selbstverteidigung nicht mehr fähig.

TAFEL 22, 23, 25, 26

AGRIGENT. DER SOG. TEMPEL DER JUNO LACINIA

Die breite Abdachung des Hügels, auf der sich die Polis ausbreitete, endet im Süden in einer Felsstufe. Unterhalb senken sich Oliven- und Mandelhaine langsam dem Meere entgegen. Die von Norden kommende Befestigungsmauer muß dort im rechten Winkel nach Westen umwenden. Auf diesem bastionsartigen, die Landschaft beherrschenden Hügelvorsprung erhebt sich der Tempel D, der sog. Tempel der Juno Lacinia, als der östlichste in dem langhingestreckten Südbezirk.

Das irrtümlicherweise der Juno zugeschriebene Heiligtum ist ein dorischer Peripteros (38,15 : 16,90 m) mit 34 Säulen (6 : 13) über dem vierstufigen Unterbau (Säulenhöhe 6,44 m, Durchmesser 1,29 m). Die Grundmauern der Cella sind erhalten, die umgebenden Säulen in verschiedener Höhe, am besten an der Nordseite, wo sogar noch die Steinbalken des Architravs über ihnen ruhen. Die gestrafften Kapitele, die ausgeglichene Kurvatur der schlanken Säulen und die harmonischen Proportionen des gesamten Baues kennzeichnen den Höhepunkt der dorischen Klassik im 5. Jahrhundert. Der rote Kalktuff, dessen kräftig satter Ton vor der Himmelsbläue heute das Auge gefangen nimmt, war mit weißem Stuck überzogen, der stellenweise noch sichtbar ist, und wie immer bunt bemalt. Die Ausstattung des Tempels, der unmittelbar vor 450 v. Chr. begonnen wurde, war prächtig. Farbig bemalte Marmorziegel deckten das Dach. Freilich war seine Lebensdauer kurz. 406 v. Chr. wurde er von den Karthagern zerstört. Brandspuren sind noch sichtbar. Die Römer bauten ihn später wieder auf und deckten ihn mit vielfarbigen Terrakottaziegeln.

Die Wirkung der Ruine ist eindrucksvoll. Die Auflösung der geschlossenen kubischen Masse des Tempels in einen Kranz verschieden hoher Säulen ergibt eine eigentümliche Silhouette im Licht der afrikanischen Küste. Sie klingt mit der Landschaft zusammen und wirkt als Krönung und naturgeforderte Steigerung, als führten die Säulen den Aufwärtsdrang des Hügels ins Unendliche fort. Ein romantischer Zauber, der dem architektonischen Gebilde des dorischen Tempels an sich fremd ist.

TAFEL 24

KORENBÜSTE AUS TERRAVECCHIA BEI GRAMMICHELE

Die Mädchenbüste aus gebranntem Ton mit Spuren der früheren Bemalung verkörpert den althergebrachten Typ der Kore. Das kraftvoll durchmodellierte Gesicht zeigt die Klarheit und den Ernst des strengen Stiles im Beginn des 5. Jahrhunderts. Die monotonen Wellen der Haare, die Stirn, Schläfen und Hals umfließen, steigern die Herbheit der Züge. Der Blick scheint schwermütig verhängt. Man erinnert sich der Euthydikos-Kore in Athen. Jetzt im Museo Nazionale zu Syrakus.

TAFEL 27

AGRIGENT. SOG. TEMPEL DES CASTOR UND POLLUX

Am westlichen Ende des Tempelhügels liegt der Tempel I, den man ohne zureichenden Grund den Dioskuren Castor und Pollux hat zuschreiben wollen. Vier seiner Säulen sind an der Nordwestecke 1836 wiederaufgerichtet und mit Gebälkstücken gedeckt worden, die stilistisch einer späteren Zeit angehören als die Säulen. Der kulissenhafte Aufbau mit dem Blick auf den Stadthügel gilt als Wahrzeichen Agrigents. Der dorische Peripteros (27,72:10,12 m) wurde nach 480 v. Chr. begonnen und weist in seinen 34 Säulen (6:13) mit einer Höhe von 5,98 m und einem Durchmesser von 1,20 m die klassischen Formen des 5. Jahrhunderts auf.

TAFEL 28, 29

AGRIGENT. ARCHAISCHE HEILIGTÜMER DER ERDGOTTHEITEN

Der Bezirk nördlich des Tempels I ist übersät von den Grundmauern kleiner Gebäude von rechteckigem Grundriß. Hier befindet sich der älteste Teil des gesamten südlichen Tempelbezirkes. Der größere Teil der kleinen Tempelchen in der einfachen archaischen Megarongestalt reicht bis ins 7. Jahrhundert zurück und war den Unterweltsgottheiten Demeter und Persephone geweiht. Ebenso der Rundaltar. Zweifellos setzten diese griechischen Kulte die Verehrung der sikelischen Erdgottheiten fort, wie es auch im heiligen Bezirk der Demeter im Osten Agrigents und im Heiligtum der Malophoros in Selinunt (Taf. 7) geschah. Die Tempelchen wurden von griechischen Siedlergruppen errichtet, die sich noch vor der Gründung der Stadt an der Küste niedergelassen hatten.

TAFEL 30

AGRIGENT. DER SOG. HERAKLESTEMPEL

Der älteste unter den großen Tempeln Agrigents ist der Tempel A, Heraklestempel genannt. Am Ende des 6. Jahrhunderts erbaut, stand er schon auf dem Südhügel, ehe die Agrigentiner nach Himera die stolze Reihe ihrer Siegesbauten begannen. So zeigt er die archaischen Stileigentümlichkeiten. Der Grundriß ist langgestreckt (67:25,34 m) mit 38 Säulen (6:15) von 10 m Höhe und 2,08 m Durchmesser. Einige Säulen der Südseite sind 1924 wieder aufgerichtet worden.

TAFEL 31–33

AGRIGENT. DER TEMPEL DES OLYMPISCHEN ZEUS

Neben dem Tore, das zum Hafen hinunterführte, stand der kolossale Tempel des olympischen Zeus. Gerade von diesem gewaltigen Bauwerk, das eine Grundfläche von 7000 qm bedeckte (Taf. 32), sind nur traurige Reste erhalten. Seine Ruinen wurden bis ins 18. Jahrhundert systematisch abgebaut, da die von Erdbeben durcheinandergeworfenen riesigen regelmäßigen Blöcke seiner Mauern ein begehrtes Baumaterial abgaben. Das Olympieion war in seinen Maßen (112,70:56,30 m) dem Apollotempel von Selinunt etwa gleich, aber anderthalb mal so groß wie der Parthenon in Athen. Übertroffen wurde es in der griechischen Welt nur vom Artemision in Ephesos. Wie die Bürger von Selinunt in ihrem Apollonion, so repräsentierten die Sieger von Himera in diesem Zeustempel die Macht und den Glanz ihres Akragas, das Pindar als „schönste der irdischen Städte" und „Thron der Persephone" pries. Die Ordnung des Tempels war dorisch, sonst aber wich er von allem Gewohnten ab. Die Zwischenräume zwischen den Säulen waren durch Mauern geschlossen und diese dadurch in Halbsäulen verwandelt, denen im Inneren Pilaster entsprachen. Sieben solcher Halbsäulen wiesen die Schmalseiten auf, vierzehn die Längsseiten. Ihre Höhe betrug mindestens 17 m, ihr Durchmesser 4,42 m (Taf. 31). In ihren Kannelüren hatte ein Mann in voller Schulterbreite Platz. Zwischen den Halbsäulen standen auf Mauervorsprüngen 7,65 m hohe „gigantenhafte" Atlanten, die mit beiden Händen das Gebälk des Tempels emporstemmten (Taf. 33). Die Sima war mit Löwenmasken geschmückt, das Dach mit vielfarbigen gebrannten Ziegeln gedeckt. In den Giebeln befanden sich, bezugnehmend auf den Sieg von Himera, gewaltige plastische Darstellungen, im Westen der Gigantenkampf, im Osten die Einnahme von Troja. Davon sind nur jämmerliche Fragmente übriggeblieben. Die Cella war dreischiffig, das Mittelschiff ohne Dach. Auch an diesem Bau war kein Mörtel verwendet, sondern die riesigen Blöcke waren durch Bronzeklammern miteinander verbunden. Mit ihrem Olympieion schufen die Agrigentiner, wie es ihr Wille war, ein in der Griechenwelt einzigartiges Heiligtum. Gleich nach 480 begannen die kriegsgefangenen Karthager das Werk, im Verlaufe eines halben Jahrhunderts wurde es vollendet. Der Überlieferung des Diodor, daß es unfertig blieb, widerspricht die Tatsache, daß das Dach gedeckt war. Wie es freilich um die Vollständigkeit der Ausstattung stand, wird sich nicht endgültig feststellen lassen. Solche Überlieferung entspringt wohl dem Gefühl des Griechen, daß der Mensch mit so gigantischen Unternehmungen das Maß überschreite, das die Götter ihm gesetzt haben.

TAFEL 34, 35

AGRIGENT. DER SOG. CONCORDIATEMPEL

Am besten erhalten ist der jüngste agrigentische Tempel, der sog. Concordiatempel (F). Eine christliche Kirche, S. Gregorio delle Rape, hatte sich im 7. Jahrhundert darin angesiedelt inmitten des ausgedehnten Friedhofes, der sich an der Stadtmauer entlangzog. Die Cellamauern wurden beiderseits mit 12 Bogengängen durchbrochen und die Zwischenräume der Säulen zugemauert. Der dorische Peripteros (39,44:16,91 m) zeigt rein klassische Formen, er entstand um 450 v. Chr. Über einem vierstufigen Unterbau erheben sich 34 Säulen (6:13) mit einer Höhe von 6,83 m und einem Durchmesser von 1,27 m. Dieser Bau gibt bis in alle Einzelheiten der Proportionen und Kurvaturen das vollkommene Bild des klassischen dorischen Tempels.

SYRAKUS

734 v. Chr. landeten korinthische Kolonisten auf der Insel Ortygia und gründeten an dem riesigen natürlichen Hafenbecken eine Polis, die nach dem benachbarten Sumpfe Syraka den sikelischen Namen Syrakus bekam. Die Stadt wuchs bald über die Insel hinaus und wurde die maßgebende Macht in Ostsizilien. Als 486 v. Chr. die Bürgerschaft, die z. T. aus hellenisierten Sikelern bestand, die bis dahin führenden Aristokraten verjagte, griff Gelon, der Tyrann von Gela, ein und machte sich selbst zum Herrn der Stadt. Unter ihm und seinen beiden Brüdern, der Familie der Deinomeniden, erlebte Syrakus seine höchste Blüte. Gelon wurde der Held von Himera, wie ein Heros mit den höchsten Ehren überhäuft. Hieron folgte ihm 478 bis 467 v. Chr. und führte eine Zeit wissenschaftlichen und künstlerischen Glanzes für Syrakus herauf. Aeschylos und Pindar weilten an seinem Hofe. Aber die Tage der Tyrannis waren, nachdem die Gefahr gebannt war, gezählt. Der dritte Bruder, Thrasybul, wurde 466 v. Chr. vertrieben.

Wie im Kampfe gegen den äußeren Feind so hatte Syrakus auch in der großen innergriechischen Auseinandersetzung am Ende des 5. Jahrhunderts die Hauptlast zu tragen. Der Kampf gegen das athenische Expeditionsheer, das im Grunde der Stadt Segesta gegen Selinunt zuhilfe geeilt war, wurde zu seiner Sache. Denn der verzweifelt kühne Griff der attischen Metropole nach Sizilien war der Versuch, die Dorerherrschaft auf der Insel zu zerschlagen und sie mit Hilfe der wenigen jonischen Siedlungen am Fuße des Aetna dem jonischen Einfluß zu öffnen. Er endete mit der Vernichtung des athenischen Heeres vor Syrakus 413 v. Chr.

Kaum hatte Syrakus diese schwere Kraftprobe bestanden, nahte schon eine neue. 405 v. Chr. standen die siegreichen Scharen der Karthager, die Selinunt und Agrigent zerstört hatten, vor Syrakus. In ihrer Ratlosigkeit machte die Bürgerschaft den älteren Dionysios zum Tyrannen. Er schloß vorerst Frieden und nutzte die Jahre der Waffenruhe zur Errichtung der gewaltigen Festungswerke, deren Trümmer in der großen Mauer und in dem Vorwerk Euryalos erhalten sind. Sie bewährten sich, als die Karthager 397 wieder erschienen. Dionysios wurde ein glänzender Fürst von unbestrittener Macht in Sizilien und Unteritalien, eine Tyrannenpersönlichkeit, um die sich ein Kranz von Anekdoten und Sagen rankt. Syrakus hatte damals an Pracht und Größe auch die Städte des Mutterlandes überflügelt. Doch die karthagische Bedrohung hielt das ganze 4. Jahrhundert an. Immer wieder aber fanden sich Männer, die Syrakus und damit das Griechentum der Insel retteten: 343 Timoleon, 310 Agathokles. Erst die Römer brachen Karthagos Macht. Mit dem Ende des ersten punischen Krieges 241 v. Chr. wurde Sizilien römische Provinz. Syrakus blieb zunächst noch selbständig und erlebte unter Hieron II. seine letzte Glanzzeit. Der Nachfolger schloß ein Bündnis mit Karthago. Daraufhin eroberten die Römer die unbesiegte Stadt nach zweijähriger Belagerung im Jahre 212 v. Chr. Archimedes konnte mit seinen genialen Verteidigungsmaschinen das Schicksal nicht aufhalten. Eine ungeheure Beute an griechischen Kunstwerken kam damals nach Rom und entfachte dort eine wahre Begeisterung für die griechische Kunst.

TAFEL 36, 37

SYRAKUS. DER ATHENETEMPEL DER DEINOMENIDEN

Der heutige Dom S. Maria del Piliero oder delle Colonne entstand im 7. Jahrhundert n. Chr. durch Umbau des alten Athenetempels, indem die Zwischenräume zwischen den Säulen zugebaut und die Cellawände beiderseits in acht Bogen geöffnet wurden, wie es auch bei dem Concordiatempel in Agrigent der Fall war (Taf. 35). Nach dem Sieg von Himera bauten die Deinomeniden anstelle eines archaischen Tempels aus der Mitte des 6. Jahrhunderts ein neues Heiligtum von größter Pracht. Es war ein Peripteros in den Formen der beginnenden dorischen Klassik mit sechs Säulen an den Schmal- und vierzehn an den Längsseiten, jede 8,60 m hoch und mit einem Durchmesser von 2 m. Die Ausstattung, wie sie sich den Römern bot, beschreibt Cicero in seinen Verresreden: Seine Tore waren mit Gold und Elfenbein verziert. An den Wänden schilderten Gemälde die Kämpfe des Agathokles gegen die Karthager. Auf der Spitze des Giebels erhob sich der vergoldete Schild der Athene und wies, weit aufs Meer hinaus leuchtend, den Schiffern den Weg – wie die vergoldete Lanzenspitze der Athene Promachos auf der Akropolis in Athen.

TAFEL 38

SYRAKUS. APOLLOTEMPEL

Im Westen der Insel Ortygia sind die Reste eines sehr alten Tempels aufgedeckt worden, der aus dem Ende des 7. oder vom Anfang des 6. Jahrhunderts v. Chr. stammt. Er war dem Apoll geweiht, wie aus einer eingeritzten Weihinschrift hervorgeht. Cicero erwähnt ihn als Artemistempel. Das würde darauf hindeuten, daß, wie auch andernorts üblich, die Kulte der Geschwistergottheiten im gleichen Tempel gefeiert wurden. Dieser älteste unter den großen Tempeln Siziliens war ein dorischer Peripteros (58,10 : 24,50 m) mit 42 Säulen (6 : 17). Ihre Schäfte waren gedrungen und die Kapitelle weit ausladend. Sie standen so eng, wie bei keinem anderen Tempel der Antike: Der Abstand betrug weniger als den Säulendurchmesser. Wie beim Tempel C und F in Selinunt war die Säulenreihe der Ostfront verdoppelt. Das Gebälk war ungewöhnlich hoch, das Dach mit bunten keramischen Zieraten gedeckt. Das Schicksal des Tempels war wechselvoll. In christlicher Zeit wurde eine Kirche hineingebaut. Wahrscheinlich machten die Araber sie zur Moschee. Dann folgte eine normannische Kirche, von der noch ein Stück der Mauer mit spitzbogigem Tor erhalten ist. Später aber bezogen die Spanier den Tempel in einen Kasernenbau ein, und die Restauration von 1938 hatte überdies eine Reihe von Häuschen zu entfernen, die sich im Tempelbezirk angesiedelt hatten.

TAFEL 39, 41

SYRAKUS. DER TEMPEL DES OLYMPISCHEN ZEUS

Außerhalb der Stadt auf einem 19 m hohen Hügel über dem Kyaneflüßchen (Ciane) stand das Olympieion. Von dem Bau des 6. vorchristlichen Jahrhunderts mit seinen 42 Säulen (6 : 17) stehen nur noch zwei Stümpfe wie verloren aufrecht, und selbst der Stufenunterbau ist nur mit Mühe zu erkennen. Die abgelegene, stimmungsvolle Tempelstätte läßt noch heute die Bedeutung des Ortes ahnen: Der Zeustempel beherrschte das große Hafenbecken in seiner ganzen Breite, vom Plemmyrion bis zur Insel Ortygia, deren Silhouette einst vom Athenaion überragt war. Er lag der Hafeneinfahrt gegenüber, und die Schiffe, die von hoher See kamen, steuerten auf ihn zu, ehe sie zum Anlegeplatz wendeten.

TAFEL 40

THRONENDE GÖTTIN AUS TERRAVECCHIA BEI GRAMMICHELE

Die einst bemalte Tonplastik stammt wie zahlreiche andere Terrakotten aus einer, dem Namen nach unbekannten, griechischen Siedlung bei Grammichele, an die der Flurname Terravecchia erinnert. Sie stellt die Göttin Demeter oder ihre Tochter Persephone dar in den strengen Formen der Archaik des ausgehenden 6. Jahrhunderts v. Chr. (entstanden etwa 530–520 v. Chr.). Jetzt im Museo Nazionale zu Syrakus.

TAFEL 42

SYRAKUS. LATOMIA DEL PARADISO

Der Kalktuff für die Befestigungswerke der Stadt wurde in den sog. Latomien gebrochen. Diese Latomia, die dem Griechischen Theater unmittelbar benachbart ist, erreichte im Tagbau eine Tiefe von 20–30 m. Dann begann die Unterhöhlung der Felswände, so daß Grotten entstanden. Heute sind die kahlen Felsen von blühenden Pflanzen überwuchert, und in der Kühle der Grotten üben Seiler ihr Handwerk aus.

TAFEL 43

SYRAKUS. MUSEO NAZIONALE: APHRODITE ANADYOMENE

Der syrakusanische Archäologe Saverio Landolina entdeckte 1804 die Statue der Aphrodite, die, umspielt von Delphinen, aus den Fluten des Meeres auftaucht. Der Typ ist der knidischen Aphrodite nachempfunden. Die Kopie des 2. Jahrhunderts v. Chr. nach einem griechischen Originale zeichnet sich besonders durch die feinfühlige Bearbeitung der schimmernden Oberfläche des Marmors aus.

TAFEL 44

SYRAKUS. MUSEO NAZIONALE: SYRAKUSANISCHE DEKADRACHME

Für die künstlerische Vollendung der Münzplastik in Syrakus gibt diese, stark vergrößert wiedergegebene, silberne Dekadrachme ein hervorragendes Beispiel. Die Nymphe Arethusa, die, vom Flußgott Alphaios verfolgt, in dem Süßwasserquell am Ufer der Insel Ortygia Zuflucht fand, wurde zum Wahrzeichen der Stadt. Delphine umspielen das Haupt der Nymphe, dessen Haar wie vom Winde durchweht die Bewegung der Fische aufnimmt. Die Züge atmen lebensvolle Frische und fast persönliche Unmittelbarkeit bei aller Stilisierung, die das Münzbild

fordert. Die Künstler Euainetos und Kimon schufen das bezaubernde Werk. Die Rückseite zeigte eine Quadriga, die von der fliegenden Siegesgöttin bekränzt wird. Diese Dekadrachmen wurden von 413 bis in die erste Hälfte des 4. Jahrhunderts geprägt.

TAFEL 45

GROSSER MISCHKRUG AUS SYRAKUS

Der große Krater (Mischkrug) aus hellem, gelblichem Ton gibt ein Beispiel für die in Syrakus hergestellte Keramik des orientalisierenden Stiles. Aus den geometrischen Ornamenten, die das Gefäß umziehen, hebt sich in trapezförmigem Feld ein weit ausschreitendes, hochbeiniges Pferd heraus. Die gesteigerte grazile Schlankheit der Beine geht in die rhythmisch schwingende Bewegung des Rumpfes über, die in Schwanz und Kopf ausklingt. Der Krug ist dem 2. Viertel des 7. Jahrhunderts zuzuweisen. Er stammt aus dem Grab 500 der Nekropole von Fusco, an der alten Straße von Syrakus nach Floridia. Jetzt im Museo Nazionale zu Syrakus.

ROTFIGURIGER MISCHKRUG AUS LIPARI

Der rotfigurige Krater in Glockenform stammt aus dem Grabbezirk am Fuße des Burgberges von Lipari. Ein Thunfischverkäufer ist darauf abgebildet, der einen Fisch zerstückelt und dabei mit seinem Kunden handelt. Die scharfe, fast karikaturenhafte Charakteristik ist eigentümlich sizilianisch. Die Szene erinnert an die bodenständige sizilianische Komödie, die in Epicharmos ihren glänzendsten Vertreter hatte. Der Krater entstand im 4. Jahrhundert v. Chr. Jetzt im Museo Mandralisca von Cefalu.

TAFEL 46

SYRAKUS. GRIECHISCHES THEATER

Das Theater von Syrakus (Durchmesser 138,5 m) war das größte Siziliens. 61 Sitzreihen sind in den Fels gehauen. Sie steigen in neun keilförmigen Sektoren auf und sind in der Mitte von einem breiten Wandelgang unterbrochen. Die halbkreisförmige Orchestra war für den Chor und seine Umzüge bestimmt. Das Bühnengebäude legte sich quer von Berghang zu Berghang und schloß die offene Seite des Theaters ab, natürlich nicht in ganzer Höhe. Der das Herz eines jeden Bürgers erhebende Anblick der Insel Ortygia und des schimmernden Hafens blieb den meisten Zuschauern sichtbar. In dieser Größe war das Theater um 230 v. Chr. von Hieron II. ausgebaut. Es bot 15 000 Zuschauern Sitzplätze. Doch schon ein flüchtiger Blick auf die Gräben und Mauerreste, die den Bühnenraum durchziehen, läßt seine wechselreiche Geschichte ahnen.
Die erste Bühne wurde schon im 6. Jahrhundert gebaut. Sie nahm nur die westliche Hälfte des heutigen Bühnenraumes ein und war aus Holz gezimmert. Die Zuschauer saßen wahrscheinlich am natürlichen Berghang. Gegen 500 v. Chr. fand die erste Erweiterung statt, die entscheidende Grundlage für den späteren Ausbau aber schuf der Baumeister Damokopos im Jahre 475 v. Chr. unter der Regierung Hierons I. Er ließ Sitze für die Zuschauer in den anstehenden Fels schlagen, noch nicht halbkreisförmig, sondern im Trapez. Ebenso schuf er eine trapezförmige Orchestra und ein Bühnenhaus mit

einer 22 m langen und 3 m tiefen Bühne. Dieses Theater war noch klein, ein Hoftheater für Hieron I. und auch noch für Dionysios I. und II. Es faßte 1400 bis 1500 Zuschauer, aber viele andere konnten am Abhang des Hügels Platz finden. Das war das Theater, in dem Aeschylos seine Tragödien aufführte, vor allem die „Perser". Zwischen 476 und 456 weilte er wenigstens dreimal in Syrakus. Das halbkreisförmige Theater ließ erst Timoleon von Korinth (gestorben 336 v. Chr.) ausbauen, freilich war es noch kleiner und hatte nur das halbe Fassungsvermögen des heutigen. Hieron II. war es dann, der es 230 v. Chr. auf die jetzige Größe erweiterte. Die Römer schließlich brachten für ihre besonderen szenischen Bedürfnisse verschiedene Umbauten an, die aber an der Gestalt und Größe des Ganzen nichts Wesentliches mehr änderten. Sicher ist, daß in diesem Theater vom 6. vorchristlichen bis ins 5. nachchristliche Jahrhundert gespielt wurde, also ein gutes Jahrtausend.

TAFEL 47

TAORMINA. GRIECHISCHES THEATER

In 214 m Höhe gelegen, bezaubert das Theater von Taormina durch seine Aussicht auf die jonische Küste und den Aetna. Mit einem Durchmesser von 109 m ist es das zweitgrößte Theater Siziliens. Erbaut wurde es wahrscheinlich im 3. Jahrhundert zur Zeit Hierons II. Wenig vom heutigen Baubestand reicht aber in diese Zeit zurück. Seine jetzige Gestalt verdankt das Theater den römischen Umbauten. Die romantische Verbrämung der Bühnenwand mit Säulen ist Zutat einer Restauration des 19. Jahrhunderts.

TAFEL 48

CATANIA. GRIECHISCHES THEATER

Das Theater von Taormina bleibt unvergeßlich durch die Schönheit der gewaltigen Natur, die es umgibt. Das Theater von Catania muß man mitten in der modernen Großstadt, begraben unter armseligen Häusern, aufsuchen. Aber der Kontrast ist eindrucksvoll genug. Sein Durchmesser beträgt 87 m. In neun keilförmigen Sektoren steigen die Zuschauerreihen auf, umgeben von drei Korridoren aus Lava, von denen aus die Plätze zu betreten waren. Es faßte 7000 Personen. Wie in Taormina ist der gesamte Aufbau römisch. In griechische Zeit aber reicht die Anlage als solche zurück, und vielleicht war es hier, wo Alkibiades 415 v. Chr. die widerstrebenden Bürger von Catane zu überreden versuchte, sich der Sache Athens gegen Syrakus anzuschließen.

ZEITTAFEL

SYRAKUS	AGRIGENT	SELINUNT	ANDERE STÄDTE
734 gegründet			
		628 gegründet	*648 Himera gegründet*
Apollotempel vor oder nach 600 Taf. 38	Heiligtümer der Erdgottheiten im 7. Jahrh. Taf. 28, 29	Heiligtum der Malophoros vor 600 Taf. 7	
		Tempel C 580–530 Taf. 9–12	
Olympieion im 6. Jahrh. Taf. 39, 41		Tempel D 570–554 Taf. 11	
	582 gegründet		
Erstes Theater im 6. Jahrh. Taf. 46		Tempel F 560–540 Taf. 13, 14	
	sog. Heraklestempel Ende des 6. Jahrh. Taf. 30	Apollonion 540 begonnen Taf. 20, 21	
Zweites Theater gegen 500 Taf. 46		Tempel E 490–450 Taf. 13, 15	
	480 Sieg bei Himera über die Karthager		
Athenaion der Deinomeniden nach 480 begonnen Taf. 36, 37	Olympieion nach 480 begonnen Taf. 31–33		Tempel von Himera nach 480 begonnen Taf. 6, 8
Drittes Theater 475 Taf. 46	sog. Dioskurentempel 480–460 Taf. 27		
	sog. Junotempel vor 450 begonnen Taf. 22, 23, 25, 26	Metopen des Tempels E 460–450 Taf. 17	
	sog. Concordiatempel nach 450 begonnen Taf. 34, 35		Tempel von Segesta nach 450 begonnen Taf. 1–4
415–413 Sizilienfeldzug der Athener			
	409 Vergeltungsfeldzug der Karthager		
405 Friede mit Karthago: Mauerbau des Dionysios	*406 zerstört*	*409 zerstört*	*409 Himera zerstört*
397 erneuter Ansturm der Karthager abgeschlagen			

Segesta   Tempel, Nordseite **1**

2 *Segesta*

Tempel, vom Abhang
des Monte Barbaro
gesehen

3 *Segesta*

Tempel von Südosten

4 Segesta

Tempel, Blick ins

Innere von Westen

5 *Segesta Theater*

6 *Himera   Blick aus dem Tempel nach Westen auf den Monte S. Calogero*

7 *Selinunt   Heiligtum der Demeter Malophoros*

8 *Himera*   *Löwenkopf von der Sima des Tempels*

Selinunt   Metope vom Tempel C: Perseus tötet die Medusa **9**

10 *Selinunt*
Akropolis,
Nordsüdstraße
mit Tempel C

11 Selinunt
Akropolis,
Cella des Tempels D,
dahinter die Säulen
des Tempels C

12 *Selinunt*   *Akropolis, Tempel C von Süden*

13 *Selinunt   Osthügel, Säule des Tempels E mit Blick auf die Tempel F und G*

14 Selinunt   Osthügel, Blick vom Tempel E auf die Trümmer der Tempel F und G

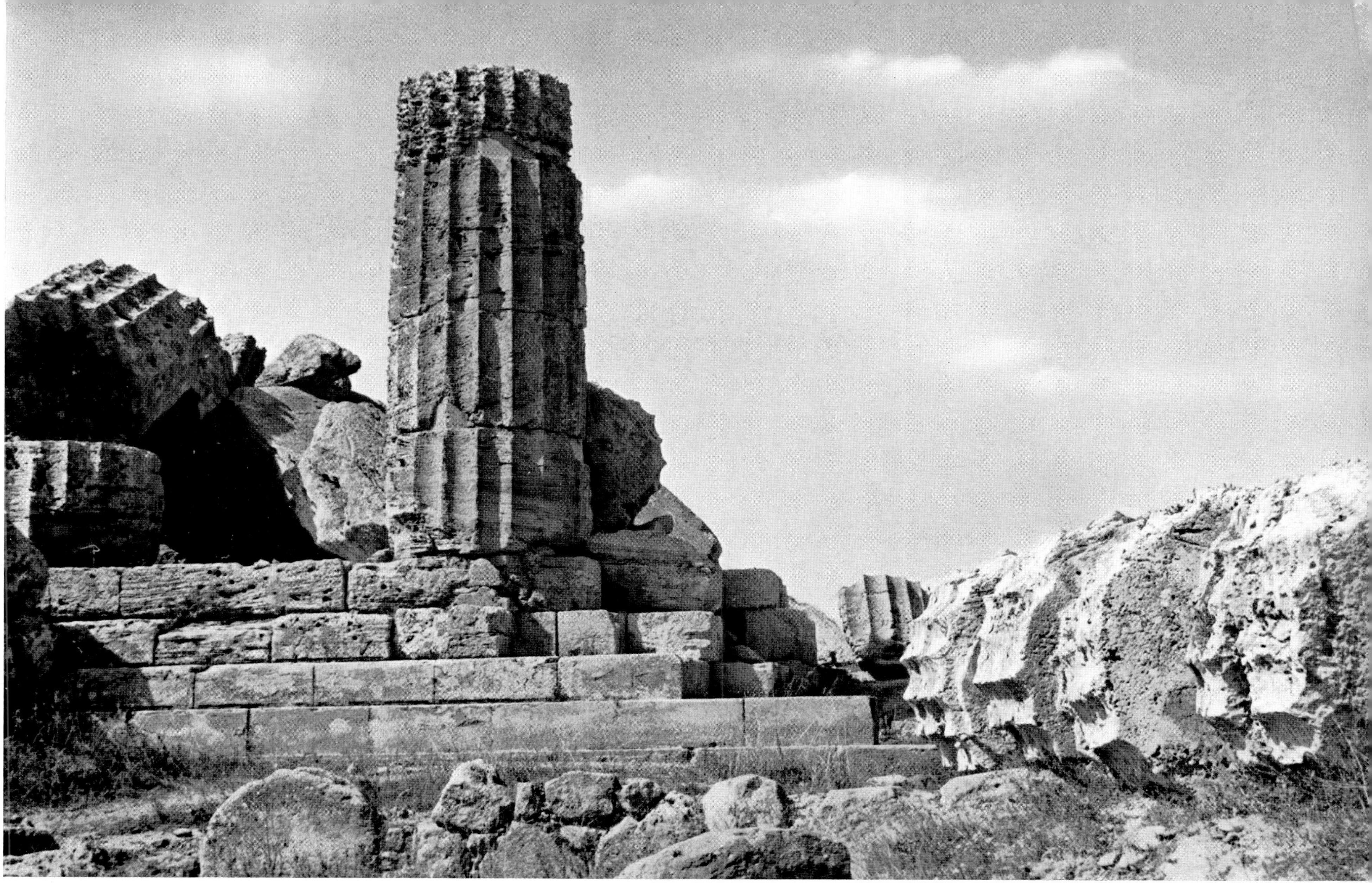

15 *Selinunt* *Osthügel, Säule des Tempels E an der Südostecke*

16 *Selinunt   Metope von einem kleinen archaischen Tempel: Europa auf dem Stier*

18 *Cave di Cusa*
Alter Steinbruch
Selinunts

19 *Cave di Cusa*
Säulentrommeln
im alten Steinbruch

20 *Selinunt   Osthügel, Säule und Gebälkstücke vom Apollotempel (G)*

Selinunt   Osthügel, Trümmer des Apollotempels (G) mit Blick auf die Akropolis **21**

22 *Agrigent*   *Das alte Stadtgebiet mit dem sog. Tempel der Juno Lacinia am Südrand*

Agrigent Sog. Tempel der Juno Lacinia über den Trümmern der Stadtmauer **23**

24 *Büste einer Kore aus Terravecchia bei Grammichele*

26 *Agrigent*
Sog. Tempel der Juno
Lacinia von Osten

27 *Agrigent*
Sog. Tempel der
Dioskuren mit Blick
auf die heutige Stadt

28 *Agrigent
Archaische
Heiligtümer:
Megaron*

29 Agrigent
Archaische
Heiligtümer:
Rundaltar

Agrigent   Sog. Heraklestempel, Säulen der Südseite

31 *Agrigent   Trümmer des Olympicion von Osten*

32 *Agrigent* *Olympieion, Blick ins Innere mit liegendem Atlanten*

34   *Agrigent   Sog. Concordiatempel von Osten*

35 Agrigent Sog. Concordiatempel von Westen

36 *Syrakus* *Athenaion, Säulen in der Nordmauer des Domes*

Syrakus   *Athenaion, südliche Säulenreihe im Innern des Domes* 37

38 *Syrakus   Apollotempel von Westen*

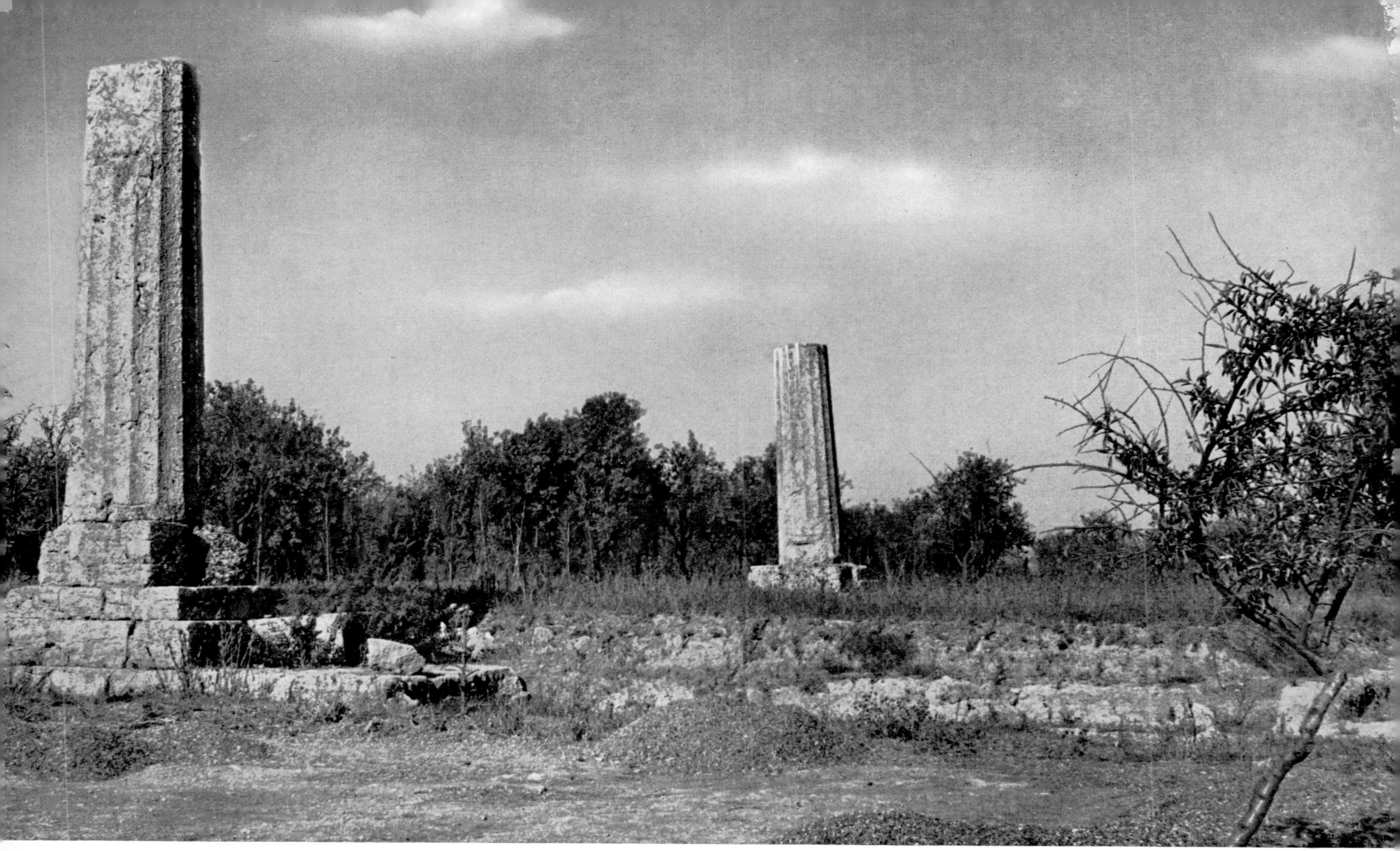

39 *Syrakus* *Olympieion von Osten*

*Thronende Göttin
aus Terravecchia
bei Grammichele*

42 *Syrakus   Latomia del Paradiso*

43 *Syrakus*
Museo Nazionale:
Aphrodite
Anadyomene

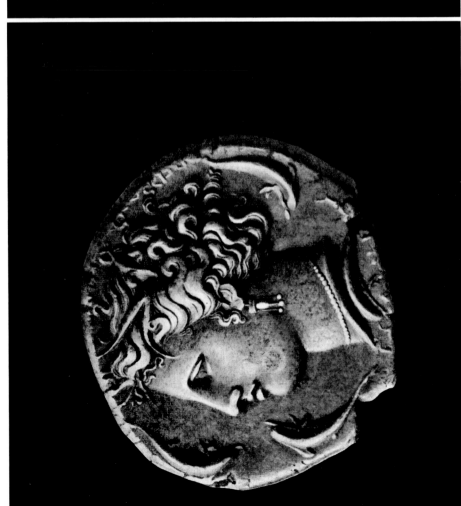

44 Syrakus   Museo Nazionale: Syrakusanische Dekadrachme

*45 **a** Mischkrug aus Syrakus*

***b** Rotfiguriger Mischkrug aus Lipari*

46 Syrakus   Griechisches Theater

47 *Taormina   Griechisches Theater*

48 *Catania   Griechisches Theater*